Inhalt

Krankenhäuser vor dem Finanzkollaps - Leidtragende sind die Patienten und das Pflegepersonal

Kernthesen

Beitrag

Fallbeispiele

Weiterführende Literatur

Impressum

Krankenhäuser vor dem Finanzkollaps - Leidtragende sind die Patienten und das Pflegepersonal

R. Reuter

Kernthesen

- Die vor 15 Jahren beschlossene Deckelung der Krankenhausfinanzierung hat die Kliniken ausgezehrt.
- 50 000 Pfleger und Krankenschwestern wurden seitdem eingespart, was dem verbliebenen Personal eine gewaltige Aufgabenfülle beschert.
- Die Bundesregierung will sich den Sorgen

der Krankenhäuser stärker annehmen und berät gerade ein umfangreiches Maßnahmenpaket.

Beitrag

Burn-out-Syndrome und physische Erschöpfung gehören für das Klinikpersonal in Deutschland zum arbeitsreichen Alltag dazu. 21 000 neue Pflegekräfte sollen die Arbeitsbedingungen auf den Stationen künftig verbessern.

Übermäßige Belastungen

Das Pflegepersonal in deutschen Krankenhäusern geht am Stock. 50 000 Stellen sind im Pflegebereich in den letzten Jahren gestrichen worden - ohne dass die Aufgaben weniger geworden wären. Diese werden eher mehr, weil die Zahl der Alten ebenso zunimmt wie Fälle von Mehrfacherkrankungen. Krankenschwestern und Pfleger, aber auch die Ärzte, klagen daher über eine nicht mehr leistbare Arbeitsverdichtung. Die Zahl der Überstunden nimmt zu und kann meistens gar nicht mehr durch Freizeitausgleich abgebaut werden. Vielen Pflegekräften ist infolge ihrer Arbeitsbelastung ein intaktes Familienleben nicht mehr möglich. Physische und psychische Belastungen sind so hoch, dass immer mehr Pflegekräfte zwischen 40 und 50 Jahren aus dem Beruf ausscheiden. Noch dazu fällt die Entlohnung nicht eben fürstlich aus. (1), (9)

Krankenhäuser vor dem Finanzkollaps

Der Grund für die Misere des Pflegepersonals ist die schlechte finanzielle Situation der Krankenkassen. Die Deutsche Krankenhaus-Gesellschaft (DKG) hat kürzlich Alarm geschlagen: Sie sieht in deutschen Krankenhäusern bis zum nächsten Jahr eine Finanzierungslücke von 6,7 Milliarden Euro. Der DKG zufolge sind bereits mehr als 30 Prozent der 2 100 Krankenhäuser verschuldet. (1), (4)

Demonstration in Berlin

Das Krankenhauspersonal will sich die Situation nicht länger gefallen lassen und hat darum kürzlich in Berlin eine groß angelegte Demonstration organisiert. Mehr als 130 000 Ärzte, Pfleger und Krankenschwestern taten ihre Unmut kund und forderten eine bessere Finanzierung der Krankenhäuser. Einen Tag zuvor hatte die Regierung den Kliniken noch schnell 3,2 Milliarden Euro bewilligt, wohl um den Zorn der Betroffenen zu besänftigen. Beschwichtigen ließ sich das Pflegepersonal durch diesen Schnellschuss aber nicht. (2)

Pflegerat unterstützt das Krankenhauspersonal

Die Präsidentin des Deutschen Pflegerats, Marie-Luise Müller, gibt den Krankenhäusern in ihren Forderungen recht. Die Versorgung der Patienten sei nicht nur beschwerlich, sondern inzwischen sogar "gefährlich". Statt für sechs Patienten sei eine Pflegekraft heute für zwölf Kranke zuständig, und dies bei einer stark gestiegenen Versorgungsintensität. Die notwendige Qualität sei in deutschen Krankenhäusern daher nicht mehr gewährleistet, so Müller. (1)

Die Ministerin will handeln

Bei Gesundheitsministerin Ulla Schmidt stößt das

Pflegepersonal nicht länger auf taube Ohren. Die Ministerin hat sich zum Ziel gesetzt, in den Kliniken 21 000 neue Stellen zu schaffen. Die finanziell ohnehin klammen Krankenkassen wollen von einer kostenintensiven Personalaufstockung indessen nichts wissen. 700 Millionen Euro soll das von Schmidt angestrebte Sonderprogramm zur Entlastung der Krankenhäuser umfassen. Beim so genannten Pflegegipfel, zu dem die Ministerin am 10. September geladen hatte, einigten sich die Teilnehmer auf eine Arbeitsgruppe, die die anvisierte Maßnahme schnellstmöglich konkretisieren soll. Die 21 000 neuen Stellen sollen in den kommenden drei Jahren geschaffen werden. (1), (3), (6)

Widerstand bei den Krankenkassen

Nicht überraschend ist die Reaktion der Krankenkassen auf das geplante Sonderprogramm ausgefallen. Die Vorsitzende des Spitzenverbands der gesetzlichen Krankenversicherung, Doris Pfeiffer, sprach sich erwartungsgemäß dagegen aus. Pfeiffer argumentierte damit, dass 30 000 Stellen in den Krankenhäusern gar nicht weggefallen, sondern von den Kliniken in die Pflegeheime umtransferiert worden seien. Dies habe dem tatsächlichen Bedarf entsprochen. Zudem habe das Statistische Bundesamt ermittelt, dass die Zahl der Pflegekräfte je 100 Krankenhausbetten seit 2007 von 72 auf 77 angestiegen sei. (1), (3), (6)

Gedeckelte Zuwendungen

Innerhalb des deutschen Gesundheitssystems bilden die Kliniken den größten Kostenfaktor. 50 Milliarden Euro müssen die Kassen jedes Jahr für deren Betrieb aufwenden, was einem Drittel ihrer Gesamtausgaben entspricht. Dass die Einrichtungen finanzielle Schwierigkeiten haben, liegt an steigenden Kosten und der seit 15 Jahren wirksamen "Deckelung" der Zuwendungen. Seitdem dürfen die Klinkbudgets nicht stärker wachsen als die Löhne der Versicherten. In diesem Jahr erhielten die Krankenhäuser daher nur 0,64 Prozent mehr Geld als im Vorjahr, was die jährlich steigenden Kosten aber nicht abdeckt. Allein um 25 Prozent steigen in diesem Jahr die Energiekosten, acht Prozent betragen die Lohnzuwächse des Personals und zehn Prozent die anfallenden Ausgaben für Sachkosten. (2), (5)

Die Koppelung an die

Lohnentwicklung soll wegfallen

Um die durch den "Deckel" entstehenden Fehlbeträge auszugleichen, sparen die Kliniken, wo sie können - und am meisten am Personal. Die Gehälter sind mit zwei Dritteln der Gesamtausgaben der größte Posten im Budget. Mit der von Bundesgesundheitsministerin Ulla Schmidt geplanten Aufstockung sind die Kliniken laut eigener Aussage noch nicht über den Berg. Alleine die Personalkosten sollen in diesem Jahr um 4,2 Milliarden Euro steigen, so dass das zusätzliche Geld aus Berlin gar nicht für Neueinstellungen genutzt werden könnte. Die Ministerin appelliert ihrerseits an die Kliniken, nicht nur nach mehr Geld zu rufen, sondern die eigenen Anstrengungen für kostendeckendes Arbeiten weiter zu intensivieren. Trotzdem sollen die Klinikbudgets von der Lohnentwicklung abgekoppelt werden - der "Deckel" wäre damit Vergangenheit. (2)

Fallbeispiele

An der Schmerzgrenze

Der Rosenheimer Krankenhausleiter Günther Pfaffeneder leidet mit seinen Angestellten. "Unsere Leute tun alles für die Patienten, aber nur die wenigsten sind in der Lage, sich um sich selbst zu kümmern". Auch das von ihm geführte 640-Bettenhaus ist in einer prekären Situation. Die Lohnkosten wuchsen 2007 um 1,3 Millionen Euro, die Ausgaben für Energie und Geräte stiegen um 500 000 Euro, die Mehrwertsteuer schlug mit einem Plus von 700 000 Euro zu. Auch ein Pflichtbeitrag für die Sanierung der Krankenkassen in Höhe von 300 000 Euro wurde fällig. (4)

Gewerkschaft macht Druck

Die Dienstleistungsgesellschaft ver.di hat im Saarland die "Pflege-Tor-Tour de Saar 2008" gestartet. Das Verdi-Mobil fährt durch die Lande und macht so auf die Missstände an den Krankenhäusern aufmerksam. Allein im Saarland sind in den letzten zehn Jahren 17 Prozent der Pflegekräfte dem Rotstift zum Opfer gefallen. In manchen Krankenhäusern muss sich heute eine einzige Nachtschwester um 40 Patienten kümmern. Auch an der Demonstration in der Hauptstadt war ver.di beteiligt. (9)

Der Gesundheitsfonds kommt

Ab Januar des nächsten Jahres kommen auf die 70 Millionen gesetzlich Krankenversicherten in Deutschland neue Zeiten zu: Die Einführung des Gesundheitsfonds wird den Versicherten einen einheitlichen Beitragssatz auferlegen, der sich nicht mehr am Brutto-Monatseinkommen orientiert. Auch für die Krankenkassen brechen damit ganz neue Zeiten an. Diese haben sich, gemeinsam mit Ärzten und Gewerkschaften, allerdings gegen den Fonds ausgesprochen. (8)

Weiterführende Literatur

(1) In der Pflegefalle // Ministerin und Verbände drängen auf mehr Personal in Kliniken - doch die Krankenkassen sträuben sich
aus Der Tagesspiegel Nr. 20022 VOM 11.09.2008 SEITE 006

(2) 130 000 Ärzte und Pfleger fordern Geld für Kliniken
aus Frankfurter Allgemeine Zeitung, 26.09.2008, Nr. 226, S. 15

(3) 21000 zusätzliche Pflegekräfte? - Mängel sollen mit besserer Organisation und Ausbildung gemildert werden
aus Allgemeine Zeitung vom 11.09.2008

(4) Krankenhäuser vor dem Kollaps

aus Süddeutsche Zeitung, 22.07.2008, Ausgabe Bayern, München, S. 37

(5) Krankenhäuser sehen die Schmerzgrenze überschritten
aus Stuttgarter Zeitung, 09.09.2008, S. 6

(6) Schmidt: 21 000 neue Pflegekräfte
aus Süddeutsche Zeitung, 11.09.2008, Ausgabe Deutschland, Bayern, München, S. 20

(7) Pfleger in vier Wochen // Arbeitslose sollen für Jobs in Altersheimen weitergebildet werden. Der Lohn für ihre Arbeit ist gering
aus Der Tagesspiegel Nr. 20011 VOM 31.08.2008 SEITE K12

(8) Leitartikel Gesundheitsfonds mit Fehlern Michael Bergius
aus Frankfurter Rundschau v. 06.09.2008, S.13

(9) Verdi: Pflege steht vor dem Kollaps
aus Saarbrücker Zeitung vom 17.09.2008

(10) Keine Lust auf den Chef // Wie Pflegekräfte ihre eigene Firma gründen
aus Der Tagesspiegel Nr. 20025 VOM 14.09.2008 SEITE K02

Impressum

Krankenhäuser vor dem Finanzkollaps - Leidtragende sind die Patienten und das Pflegepersonal

Bibliografische Information der deutschen Nationalbibliothek

Die Deutsche Nationalbibliothek verzeichnet diese Publikation in der deutschen Nationalbibliografie; detaillierte bibliografische Daten sind im Internet über http://dnb.d-nb.de abrufbar.

ISBN: 978-3-7379-0931-0

© 2015 GBI-Genios Deutsche Wirtschaftsdatenbank GmbH, Freischützstraße 96, 81927 München, www.genios.de

Alle Rechte vorbehalten. Dieses Werk ist einschließlich aller seiner Teile – z.B. Texte, Tabellen und Grafiken - urheberrechtlich geschützt. Jede Verwertung außerhalb der Grenzen des Urheberrechtsgesetzes bedarf der vorherigen Zustimmung des Verlags. Dies gilt insbesondere auch für auszugsweise Nachdrucke, fotomechanische Vervielfältigungen (Fotokopie/Mikroskopie), Übersetzungen, Auswertungen durch Datenbanken oder ähnliche Einrichtungen und die Einspeicherung und Verarbeitung in elektronischen Systemen.